91

读有所得

湖南省委宣传部 编

湖南文艺出版社

目 录

译苑

文史撷英

书香

艺术欣赏

为官避事平生耻[1]

◎ 刘余莉 贾非

《阅微草堂笔记》中有这样一个故事：北村有位叫郑苏仙的人，做梦来到了地府，见阎王正在审查新到的人。这时，一身着官服者颇有气势地走进大殿，自称为官所到之处只喝百姓一杯水，一生无愧于天地鬼神。阎王笑道："设立官制是为了治理国家、造福百姓。要说不收百姓钱财的就是好官，那么立个木偶在公堂上，它连水都不喝一口，不比你还廉洁吗？"这人辩解道："我虽没什么功劳，但也无过！"阎王说："你一生处处所求不外乎保全自己，审办案件时，你为避开嫌疑没敢说话，岂非有负于民？办理百姓之事，你怕麻烦没有上报朝廷，岂非有负于国？对于官员的政绩应当怎么看？无功便是过。”该官听罢似有所悟，锋芒顿减。

这个故事借阎王之口，讽刺了某些自认为清廉的“好官”。他们为官一任，虽不贪不占，却也不作不为，有如木雕泥塑尸位素餐；或为人只求“你好我好大家好”，看似忠厚，实则一切只为保全自己。

为了保全头顶的乌纱，他们见到歪风邪气可以睁一只眼闭一只眼，见到困难，就绕道搁置，遇到事故责任就推诿瞒报。这种庸庸碌碌混日子，明哲保身、老于世故的文化氛围一旦形成，社会便失去了推动进步和创新的力量。《孔子家语》载：“释贤而用不肖，国之不祥也……圣人伏匿，愚者擅权，天下不祥也。”只求自保的庸碌之官所造成的危害不亚于贪腐。因此，在中国传统社会，那些庸碌无为者为世人所不齿，而那些勇于担当、坚持正义的贤士，则为世代传颂。

为官一任就应推动一方的进步发展。成就事业有一项最基本的内在修炼，就是放下个人得失计较、关怀百姓福祉的无私担当。这种担当的精神，是整治临事畏难和惰性的最好工具。诚然，越是要干成一些前人没有做成的事情，越是会遇到这样或那样的矛盾冲突，越是容易触动盘根错节的利益。只有迎难而上，敢打敢拼敢碰硬，才有“柳暗花明又一村”的可能。

（文章有删节，选自《中国纪检监察》2016年第8期）

---

[1]典出元好问《四哀诗·李钦叔》。

读字

赍：读jī，意为拿东西给人，如赍赏；怀着、抱着，如赍恨。

粢：多音字。读zī，意为古代供祭祀的谷物，如粢食；读cī，粢饭，一种糯米吃食。

决策三要

◎[北宋]司马光等

公元前204年，楚汉战争进入第三年，楚强汉弱的格局仍未得到根本改变。谋士郦食其向刘邦献计，分封六国后裔，使六国君臣百姓感念其恩德而归顺，削弱楚国势力。张良对以“八不可”，及时劝阻，后刘邦醒悟，放弃此计。选文出自《资治通鉴》第十卷，司马光借此事提出制订策略的三个要点，表达了史家的变通思想。

夫立策决胜之术，其要有三：一曰形，二曰势，三曰情。形者，言其大体得失之数也；势者，言其临时之宜、进退之机也；情者，言其心志可否之实也。故策同、事等而功殊者，三术不同也。

初，张耳、陈馀说陈涉以复六国，自为树党；郦生亦说汉王。所以说者同而得失异者，陈涉之起，天下皆欲亡秦；而楚、汉之分未有所定，今天下未必欲亡项也。故立六国，于陈涉，所谓多己之党而益秦之敌也；且陈涉未能专天下之地也，所谓取非其有以与于人，行虚惠而获实福也。立六国，于汉王，所谓割己之有而以资敌，设虚名而受实祸也。此同事而异形者也。

及宋义待秦、赵之毙，与昔卞庄刺虎同说者也。施之战国之时，邻国相攻，无临时之急，则可也。战国之立，其日久矣，一战胜败，未必以存亡也；其势非能急于亡敌国也，进乘利，退自保，故累力待时，乘敌之毙，其势然也。今楚、赵所起，其与秦势不并立，安危之机，呼吸成变，进则定功，退则受祸。此同事而异势者也。

故曰：权不可豫设，变不可先图；与时迁移，应物变化，设策之机也。

（标题为编者所拟，文章有删节，选自《资治通鉴》，岳麓书社，2009年12月）

译文

确立决定胜负策略的方法，要点有三个：一是形，二是势，三是情。所谓形，说的是得与失大体上的趋向；所谓势，说的是对突发情况灵活应付和对进退随机应变的形势；所谓情，则指内心意志上坚定还是懈怠的实际心理。所以尽管采用的策略相同，所做的事情一样，而最后取得的功效却各异，即是由于这三个要点运用得不同。

当初，张耳、陈馀劝说陈胜借恢复六国来为自己培植势力，郦食其也这样劝说汉王刘邦。但之所以劝说的内容相同，得与失却各异，则是因为陈胜揭竿而起时，天下的人都想要推翻秦朝；而如今楚、汉的胜负之分还无定势，天下的人未必都想要项羽覆灭。所以重立六国的后裔，对陈胜来说，是为自己广植势力而给秦朝增树强敌。况且陈胜那时并没能独占天下之地，对他而言是把不属于自己的东西取来送给别人，行恩惠之虚名，获利益之实惠。但重立六国之后，对汉王刘邦来说，却是分割属于自己的东西去资助敌人，空有虚名而实受祸害。这便是所做的事情相同，而得与失的趋向各异的例子。

宋义劝说项羽，先让秦、赵两国相斗，待秦军疲惫后再乘机攻秦，他自己最后却被项羽杀了；卞庄子刺杀老虎时，管竖子劝他等两虎与牛相搏，双方有伤亡时再乘机刺虎，卞庄子最后果然获得二虎，这两次的游说之辞也都相同。但这套说辞，用在战国时，邻国相互攻伐，没有临时情势变化所致的危急，还是可以的。因为战国格局的确立，时间已久，一次战役的胜与败，未必就会决定一个国家的生存和灭亡。那时的形势决定了一个国家不能够急于灭掉敌国，而是进可以凭借有利条件，退也能够自保安全，因此可以积蓄力量，等待时机，乘敌方精疲力尽，再去进攻。这是可以灵活行事、随机应变的形势所决定的。但今日楚、赵起兵抗秦，（两国）与秦势不两立，安全与危亡的机会，在呼吸的一瞬间就会发生变化，因此进即能建立功绩，退就将遭受祸殃。这便是事情相同，而形势、时机各异的例子。

所以说，应事的权宜机变不能够预先设计，事态的变化不能够提前考虑；随时机的转动而转动，应事物的变化而变化，是制订策略的关键。

千秋评说

虽有智慧，不如乘势；虽有镃基，不如待时。（［先秦］孟子）

善战者，因其势而利导之。（［先秦］孙武）

明者因时而变，知者随世而制。（［西汉］桓宽）

今人一得

变通与通变

◎ 南怀瑾

《易经》包含了五大学问：理、象、数、变、通。理是哲学的，象数是科学的，变通是机，这些都要知道。譬如我们这里，讲台、黑板、椅子一摆，人家看这个现象，就知道我们这里是上课或开会的。这里边还有数，看椅子的多少、地方的大小，就可以知道有多少人来上课、来开会，以及上课开会时间有多长等，这就是数。

象数是科学的，理是哲学的。懂了哲学的与

科学的就可以未卜先知吗？不行！还要知道变与通，所以说“通变之谓事”。如果你脑筋死死板板的，不晓得通变，那就是笨蛋！告诉你原则方法也没有用。卜卦要知道通变，运用靠你的智慧，不能够通变，便不会运用。我们平常骂人家不懂事，就是他不晓得变通，所以说“通变之谓事”。

通变跟变通不同啊！通变是要能够先通达了变通的道理，再去领导变，那是第一等人。第一等人知道未来是怎么变的，要当它还没有变的时候，先领导它来变。第二等人是应变，社会开始变了，便把握机会来改变，这就是应变。末等人是跟着人家屁股后边转，人家变了你不能不变，一般普通人就是如此，这些也就是末等人了。

你们知道毛泽东对《易经》也很有研究吗？他知道社会形态非变不可，我不等你变，我先来变……宇宙万事一定要变，在将变未变之间，把握住这个机会，因势利导，才是第一等智慧。这就叫“通变之谓事”。

（文章有删节，选自《易经系传别讲》，复旦大学出版社，2016年3月）

如何提升创新决策的能力

第一，必要的经验和知识积累。经验和知识的积累是提升领导者个人决策素质和能力的基础，同时能够不断开阔领导者的视野和思路。领导者不仅要注重亲身经历，不断积累直接经验，同时，也要积极学习间接经验，包括从书本上学习和向他人学习。

第二，大胆积极的批判精神。领导者在决策过程中要做到不拘泥于成见，不盲目崇拜权威，不唯上，不唯书，不把任何一种结论和方法绝对化，能够在独立思考的基础上，敢于大胆质疑，敢于向书本、向权威、向已有的定论挑战，同时，也要不满现状，敢于否定自我。

第三，对事态新特点和新趋势的高度敏感。在决策中，如果决策者能够保持一定的敏感度，那么，决策者往往能够在关注事态发展变化的基础上，及时准确地把握事态的发展方向，牢牢掌握主动权，通过及时调整决策方案，有效实现决策意图。

第四，良好的评价能力。为了解决新问题，通常需要设想出许多新方案，并且对这些方案进行评估选优。思维可能循多种路线推进，而评价则能够发挥定向作用。优秀的决策者往往具有很高的评价能力，敢于和善于对诸多决策方案进行科学合理的评价，从而做出最后的正确决断。

第五，良好的直觉和灵感。在创造性决策中，直觉和灵感有时起着极为重要的作用。要注意：直觉和灵感绝不是从天而降的，而是经过长期的经验和知识的积累以及艰苦的思维训练获得的。

（标题为编者所拟，原题《决策的创新艺术》，作者尤元文、唐霄峰，文章有删改，选自《领导决策论》，社会科学文献出版社，2012 年 8 月）

读词

不易之论：指不可改变的言论，即正确的言论。“易”在此表示改变，而非容易。

和郭主簿（其一）

◎[东晋]陶渊明

陶渊明（365? —427）是田园诗之祖。所谓“田园诗”，不仅指内容与农家田事有关，更重要的是精神摆脱了束缚，天真自然。这首诗描写陶渊明消夏的自在生活，读书抚琴，自种自斟，与子相戏，在这种简单纯朴的人生乐趣面前，世俗名利不足论也。

蔼蔼堂前林，中夏贮清阴。
凯风因时来，回飙开我襟。
息交游闲业，卧起弄书琴。
园蔬有余滋，旧谷犹储今。
营己良有极，过足非所钦。
舂秫作美酒，酒熟吾自斟。
弱子戏我侧，学语未成音。
此事真复乐，聊用忘华簪。
遥遥望白云，怀古一何深。

满庭芳·夏日溧水无想山作

◎[北宋]周邦彦

周邦彦（1056—1121），字美成，钱塘（今浙江杭州）人。他擅作长调，融化唐诗入词，铺叙“富艳精工”。这首词上阕写春夏景物，圆润可爱，美不胜收；下阕写江南倦客，看似颓废，不减潇洒。

风老莺雏，雨肥梅子，午阴嘉树清圆。地卑山近，衣润费炉烟。人静乌鸢自乐，小桥外、新绿溅溅。凭栏久，黄芦苦竹，疑泛九江船。

年年，如社燕，飘流瀚海，来寄修椽。且莫思身外，长近尊前。憔悴江南倦客，不堪听、急管繁弦。歌筵畔，先安簟枕，容我醉时眠。

狄仁杰直谏定李唐

◎佚名

宋代话本小说《梁公九谏》叙述武则天废太子李显，改封其为庐陵王，欲传位于其侄武三思，狄仁杰（梁国公）九次进谏，武则天终被点醒，召还李显，立为太子，李唐王朝得以延续，刻画出一位忠心护国、直言进谏、舍生忘死的社稷之臣的形象。本文即选自这则话本。

则天不豫，狄相入阁门问疾。则天曰：“我梦鹦鹉双翅折，其梦如何？”狄相奏曰：“武者，陛下之姓，相王、庐陵王乃陛下之双翅也。今皆远贬，遂感此梦。”时武三思在傍，怒发赤色。则天令武士撮出朝门，乃问侍臣曰：“狄相与卿等意何如？”张易之奏曰：“狄相家贫，若多赐金宝，便可策立武三思为储君。”则天遂赏色罗十车、珠金两床、御衣百箱，排于殿前，令武士召狄相入朝。则天曰：“为子逆父，为臣逆君，只缘策立之事，卿每偏执，苦谏于朕，朕甚耻心。卿若不改见前解，只这殿前是卿死处；若改见前解，取此赏物。”狄相奏曰：“不然。忆昔太宗大帝在日，经纶四海，勇灭大隋，收王世充，戮窦建德、八十二处草贼，鞍不离马背，甲不离将身，亲冒矢石，以定天下，皆为后世子孙，可不为李家枝叶。臣意宏道元命先帝临崩之夜，以爱子托陛下，以社稷嘱付大臣。臣今受此赏物，却立外姓，是臣卖却唐家社稷，臣往九泉之下，无面可见高宗大帝。臣惟守直而死，不可邪佞而生。东宫之位，合立庐陵王为储君；若立武三思，的然不当。”

则天令武士于殿前置油锅，宣狄相入朝。则天问狄相曰：“若改见前解，则与卿长保富贵；若不改见前解，这殿前油锅是卿死处。”狄相奏曰：“臣当年迈，佐陛下邦国不得，策立之事，便合依从，不合违敕。据臣罪愆，合当万死，容臣征古，死亦不迟。”则天曰：“征古之事如何？”狄相奏曰：“征古者，以太子天下根本，本一摇而天下皆动，陛下以一心之欲，轻天下之动哉！且姑之与侄孰近？子之与母更亲。宁学寒蝉洁饥，不学螳螂戏饱；乍立庐陵王而死，不立武三思而生。陛下长如今日，则万事绝言。若也万岁之后，将武三思为储君，只将武家宗祖，于太庙享祭，自古宗庙，无祔姑之礼，陛下有何干预？若立庐陵王为储君，陛下万岁之后，四时祭奠无亏。如此，姑之与侄孰近？子之与母孰亲？东宫之位，合庐陵王为储君；立武三思，终当不得。”复前奏曰：“臣既不得策立太子，即以死报先帝，复愿陛下以老臣之言熟思之，以万世无疆之计。”言讫，褰衣大步欲跳入油锅，则天连声叫武士执其裾，曰：“朕从今日起，依卿所奏。”

则天因此感悟，遂遣中使往房州，密召庐陵王为嗣……庐陵王因狄相策立为唐家第四帝，后庙号中宗。

（标题为编者所拟，文章有删节，选自《古代小说鉴赏辞典》，上海辞书出版社，2004年5月）

读句

让我歌唱帕米尔的荒原，用它峰顶静穆的声音，混然的倾泻如远古的熔岩，缓缓迸涌出坚强的骨干，像钢铁编织起亚洲的海棠。——穆旦《合唱》

致妻子的信

◎彭雪枫

彭雪枫（1907—1944），河南南阳人，中国工农红军和新四军杰出指挥员、军事家，参加过第三、四、五次反“围剿”和二万五千里长征，在抗日战争中英勇牺牲。本文所选的是彭雪枫在战时写给妻子林颖的两则书信。在信中，他畅谈读书心得，督促妻子与自己共同读书奋进，体现了一代儒将勤学苦读的优良作风。

群[1]：

《苏联红军战史研究》《译丛补》读完了，现在是正读着高尔基的《母亲》，已二分之一了。说来惭愧，堂堂文豪高尔基，除了读了他的短诗《海燕》外，《母亲》还是开宗第一部，实在太寡陋了！我又准备向人借读托尔斯泰的《战争与和平》，那是一部举世闻名的大著，两千多页，超过了《静静的顿河》。名家作品是不应该不读的，如今又是读书的最良时机。告诉你，我还读了古词《西厢记》，又正读着《燕子笺》。我恨不得将最著名作品于最短时间一齐装进头脑里去，越读书越感到自己的贫乏！我希望我的最亲爱的人同样有此抱负！

明天派人到湖东去，连同上次未发的信，大概可以减少你的一些苦寂吧？好好的保重身体！不要多所忧虑！万千万千！

我仍健朗如常。今天照镜子，较昔略为消瘦些，许是战斗中精神时紧时弛的原故。

附来告民众书一份（是我拟的稿），关于敌情、战术、胜利、办法，均略有述及，可供参考。

如精神许可，希望有长的回信，藉以洞悉你最近的生活和心情。

祝福你！

寒霜丹叶

12月3日20时半于淮河北岸之后店子

玉琼：

三天来做了不少的事，心里颇为愉快。15日，读书三小时，16日读书四小时，《左派幼稚病》读完了，待着作笔记，另外读两本理论性的小册子，还加上一本曹禺的《原野》剧本。昨天会客之外，为《拂晓报》写一篇社论《论精兵主义》。人到不如意的时候，谈话之外，最好还是读书。

我要向你挑战了，向你提出订立“读书比赛条约”，不知你有勇气应战否？时间你比我多，因为你今天是“闲员”了。读书之外，尚有何事？我们应该一星期作一次清算，看谁读的页数多，质量强，理解得透彻？这里各有其优劣条件，我的优势是水平似较你高些，你的优势则为时间比我多多。各不吃亏。

我不希望你东跑西跑，将时间浪费在笑谈之中，但也不愿你长期的深居简出，像一个封建之家的“闺秀”。我要求你在星期六、星期日可以外面走动走动（不是一定要到半城来），星期一至星期六则应埋头，埋头！第三个埋头！苦读，苦读！第一百个苦读！

左[2]回与谈，我代你担忧，但由它去吧，“听天由命”好了！

雪枫　18日上午

我希望下次晤面，是我去找你。

（标题为编者所拟，文章有删节，选自《彭雪枫将军家书》，长江文艺出版社，2007年8月）

---

[1]群：即林颖。因林颖原名裕群，又名玉琼，所以彭雪枫写给她的信称呼有裕群、肖群、群、琼、玉琼等。

[2]左：指左奇，医务工作者。

千秋评说

立身以力学为先，力学以读书为本。（[南宋]郑耕老）

读书也没有准则，只有摸索着前进。读书和自己的志趣有关，一个人的志趣，常常因为时代、环境的变化，而有所改变。（孙犁）

我们为什么要读书

◎陆费逵

我们为什么要读书？现在一班人的答案，或说“为求学问读书”，或说“为赚钱读书”。我以为都不能包括这问题的全体，而且不免有错误。

我以为答这个问题要先把前提分清楚。答案如下。

甲、普通学校的学生为人格读书。

乙、专门学校的学生为人格或学问或技能或职业读书。

丙、有职业的人为职业或修养读书。

更有三种消极的答案。

一、读书的读书，是为读书而读的，不可有致用之想。

二、应用的读书，是储蓄备用，不是立刻应用，也不是件件要用。

三、不可存读书卖钱之心。

我们有职业的人，应该每日有半小时至多二

小时读书。不可不读，因为职业上、修养上都有读书的必要。不可读得太多，因为太多了有妨办事，有害身体，更恐食而不化，变成书簏。

我们应该读什么书？此问题的答案，要看各人的性之所近，各人的程度，各人的需要，不是可以一概而论的。简单言之，我以为除无益的小说之外，无论什么书都可以看。

我每日读书，少则半小时，多则一小时许。从十七岁出来任事到现在，差不多都是这样。我没有长性，这样看看，那样看看。所以常识虽然有一点，却没有一样有心得的。

我想读书的方法，应该常常有一种专心精读的；此外随便涉猎，只要看得懂，无论什么书都好。

（选自《陆费逵谈教育》，辽宁人民出版社，2015年1月）

多读一点

儒将彭雪枫“攻书”剪影

1941年9月，彭雪枫与时任淮宝县委妇女部长的林颖结婚。婚后第二天，林颖便告别爱人，回到自己的岗位。在那聚少离多的日子里，两人只能通过书信传递彼此的思念，“把功夫用在相互帮助、相互教育、相互鼓励上”。彭雪枫在9月29日凌晨1时给林颖的信中写道：“自己常常打算写一点如意的东西出来，可是不是无时间便是无心情！我想我应该努力了，请你给我勇气！”10月24日的信中又写道：“总想读点书，老是不会腾功夫，不知道你的时间如何？报章杂志尚堆满了一桌子，更谈不上理论书了，长此下去，将何以堪！请你督励我。”他们之间的书信，很少儿女情长，更多的是交流各自读到了什么好书，读后有什么感想，给对方提出加强修养、改进工作方法和作风的意见。彭雪枫曾写信给林颖：“毛主席的《反对党八股》，文情并茂，请你多读几遍。”彭雪枫让林颖读《三国演义》，说这“是一本必读的书”，“那里有战术，有策略，有统战，有世故人情”。他还把《斯大林传》一书作为“别致的礼物”送给林颖，并在此书的首页上题道：“我们忠诚坦白之对于爱，一如我们忠诚坦白之对于党！”这对志趣相同的伴侣就是这样地彼此激励和促进着。

读书是要讲究方法的。彭雪枫曾与《拂晓报》部队版主编单斐讨论过这个问题。彭雪枫说，他读书用的都是“苦方子”。舒服的方子不可能帮你吸取知识财富。古今的学问家，都把读书叫作“攻书”，他们给自己开的都是“苦方子”。古之读书人立下十年寒窗之志，而今天的学者，也非加倍苦读不能成才。

时常有同志向彭雪枫抱怨没有时间读书，彭雪枫总是耐心地告诉他们：读书必须有毅力。我们战斗频繁，还要建设和扩大革命根据地，有做不完的工作。时间是宝贵的，如安排不好，就拿不出时间来学习。一天24小时，除了打仗之外，平时就可以安排8小时军政训练或其他训练，8小时睡眠，还有8小时可学习或休息。他还说，自己学习是抓紧一切时间，有时在行军途中，骑着马，就在马上读书。后来，四师的指战员都知道：彭师长读书有“三上”，即马上、船上和庙上。

（标题为编者所拟，原题《彭雪枫皖东北读书生活剪影》，作者于化民，文章有删节，选自《党史博览》2007年第9期）

谈吃

◎夏丏尊

夏丏尊（1886—1946），作家、出版家、翻译家。二十世纪二三十年代，从白马湖畔的春晖中学，到上海立达学园，再到开明书店，夏丏尊积极地参与文化建设，与丰子恺、叶圣陶等被称为“开明派”。其人温厚质朴，其文清澈通明。

中国人是全世界善吃的民族。普通人家，客人一到，男主人即上街办吃场，女主人即入厨罗酒浆，客人则坐在客堂里口嗑瓜子，耳听碗盏刀俎的声响，等候吃饭。吃完了饭，大事已毕，客人拔起步来说“叨扰”，主人说“没有什么好的待你”，有的还要苦留：“吃了点心去”“吃了夜饭去”。

遇到婚丧，庆吊只是虚文，果腹倒是实在。排场大的大吃七日五日，小的大吃三日一日。早饭、午饭、点心、夜饭、夜点心，吃了一顿又一顿，吃得来不亦乐乎，真是酒可为池，肉可成林。

过年了，轮流吃年饭，送食物。新年了，彼此拜来拜去，讲吃局。端午要吃，中秋要吃，生日要吃，朋友相会要吃，相别要吃。只要取得出名词，就非吃不可，而且一吃就了事，此外不必有别的什么。

俗语说得好，只有“两脚的爷娘不吃，四脚的眠床不吃”。中国人吃的范围之广，真可使他国人为之吃惊。中国人于世界普通的食物之外，还吃着他国人所不吃的珍馐：吃西瓜的实，吃鲨鱼的鳍，吃燕子的窠，吃狗，吃乌龟，吃狸猫，吃癞虾蟆，吃癞头鼋，吃小老鼠。有的或竟至吃到小孩的胞衣以及直接从人身上取得的东西。如果能够，怕连天上的月亮也要挖下来尝尝哩。

至于吃的方法，更是五花八门，有烤，有炖，有蒸，有卤，有炸，有烩，有醉，有炙，有熘，有炒，有拌，真正一言难尽。古来尽有许多做菜的名厨司，其名字都和名卿相一样煊赫地留在青史上。不，他们之中有的并升到高位，老老实实就是名卿相。如果中国有一件事可以向世界自豪的，那么这并不是历史之久，土地之大，人口之众，军队之多，战争之频繁，乃是善吃的一事。中国的肴菜已征服了全世界了。有人说中国人有三把刀为世界所不及，第一把就是厨刀。

吃的重要更可于国人所用的言语上证之。在中国，“吃”字的意义特别复杂，什么都会带了“吃”字来说。被人欺负曰“吃亏”，打巴掌曰“吃耳光”，希求非分曰“想吃天鹅肉”，诉讼曰“吃官司”，中枪弹曰“吃卫生丸”，此外还有什么“吃生活”“吃排头”等等。相见的寒暄，他民族说“早安”“午安”“晚安”，而中国人则说：“吃了早饭没有？”“吃了中饭没有？”“吃了夜饭没有？”对于职业，普通也用“吃”字来表示，营什么职业就叫做吃什么饭。“吃赌饭”“吃堂子饭”“吃洋行饭”“吃教书饭”，诸如此类，不必说了。甚至对于应以信仰为本的宗教者，应以保卫国家为职志的军士，也都加“吃”字于上。在中国，教徒不称信者，叫做“吃天主教的”“吃耶稣教的”；从军的不称军人，叫做“吃粮的”……

衣食住行为生活四要素，人类原不能不吃。

但“吃”字的意义如此复杂，吃的要求如此露骨，吃的方法如此麻烦，吃的范围如此广泛，好像除了吃以外就无别事也者，求之于全世界，这怕只有中国民族如此的了。

在中国，衣不妨污浊，居室不妨简陋，道路不妨泥泞，而独在吃上分毫不能马虎。衣食住行的四事之中，食的程度远高于其余一切，很不调和。中国民族的文化，可以说是口的文化。

（文章有删节，选自《夏丏尊散文》，上海科学技术文献出版社，2013年1月）

千秋评说

盖聚物之夭美，以养吾之老饕。（[北宋]苏轼）

大地乃是一个丰实的大食仓，要人吃；长江大河都是清泉，要人喝。生在这地面上的人们，凡是流汗的人们，都应该不愁饮食。（李广田）

一个人的口味要宽一点、杂一点，“南甜北咸东辣西酸”，都去尝尝。对食物如此，对文化也应该这样。（汪曾祺）

华夏饮食文化

◎王学泰

中国文化的许多特征都在饮食文化中有所反映，如“天人合一”说、“阴阳五行”说、“中和审美”说以及重“道”轻“器”、注重领悟、忽视实证，都渗透在饮食心态、进食习俗、烹调原则之中。

中国人对付鬼神也像处理人际关系一样，总是通过食物来打通关节，疏通关系。古代祭祀鬼神时都有食物，而且根据鬼神的贵贱亲疏和对他企望的大小决定祭祀食品的丰俭。这完全与老百姓对付骑在他们头上的官吏一样，因此，有人说祭祀不过是人对鬼神的贿赂。战国时齐国的淳于髡见一农夫用一只猪脚、一杯水酒祭天，祈求丰收，积谷满仓，就加以嘲笑，认为他供奉太薄，而企望太高。祭祀中人们感到祭品（主要是食物）是人和天的联系物，因而把祭祀食品神圣化。直到清代，满族仍把“祭于寝”的白煮猪肉称作“福肉”，亲贵大臣以能分得此肉为荣耀。当然，这只体现了浅层次的人天关系，许多民族的童年时期都有这种奇想。古代的中国人特别强调进食与宇宙节律的谐调同步，春夏秋冬、朝夕晦明要食用不同性质的食物，加工烹调时也要考虑到季节、气候等因素。这种适应宇宙节律的意识是中国饮食文化所特有的，现在又在逐渐热起来的季节食俗正是这种风气的孑遗。

“阴阳五行”说是中国古代文化所设定的世界模式。既然饮食烹调是世界的一部分，自然也要循此规律，因此，不仅产生了“五味”说，而且还削足适履地把众多的谷物、肉类、蔬菜、水果分别纳入“五谷”“五肉”“五菜”“五果”的固定模式。更令今人感到惊奇的还有“凡饮，养阳气也；凡食，养阴气也”（《礼记·郊特牲》），认为饮和食与天地阴阳互相谐调，这样才能“交于神明”，上通于天，从而达到“天人合一”的效果，因此，在祭天时要严格遵循阴阳五行之说。现在只在中医食疗学中注重这点了。

（标题为编者所拟，文章有删节，选自《华夏饮食文化》，商务印书馆，2013年2月）

文人美食家

文人美食家除了是常人之外，首先是“馋人”，之后才能对饮食有深刻的理解、精辟的品评。汪曾祺先生是位多才多艺的文化人，对饮食有着很高的欣赏品位，其哲嗣汪朗也很会吃。我与他们父子两人在一起吃过多次饭，饭桌上也听到过汪曾祺先生对吃的见解，其实都是非常平实的道理。汪氏父子都写过关于饮食的书，讲的都不是什么山珍海味，但确是知味之笔，十分精到。

王世襄先生是位能够操刀下厨的学者，关于他的烹调手艺，许多文章总爱提到他的“海米烧大葱”，以讹传讹，其实真正吃过的并无几人。我因此事问过敦煌兄（王世襄先生的哲嗣），他哈哈大笑，说那是他家老爷子一时没辙了，现抓弄做的急就章，被外界炒得沸沸扬扬，成了他的拿手菜。先生晚年早已不再下厨，一应饮食都是敦煌说了算，做什么吃什么。我常在饭馆中碰到敦煌，用饭盒盛了几样菜买回去吃，我想先生一定不会很满意，只能将就了。每逢旧历年，我总做几样家中小菜送过去，恐怕也不见得合他的口味。

启功先生也不愧为“馋人”，记得二十世纪七十年代末，刚刚恢复了稿酬制度，彼时先生尚居住在小乘巷，每当中华书局几位同仁有拿了稿费的，必然大家小聚一次。我尚记得那时他们去得最多的馆子是交道口的“康乐”、东四十条口的“森隆”，稍后崇文门的“马克西姆”开业，先生也用稿费请大家吃了一顿。那个时代还不像今天，北京城的餐馆能选择的也不过几十家而已。

文人中也不尽是好吃的，不少人对饮食一道并无苛求，也不是那么讲究。张中行先生是河北人，偶在他的《禅外说禅》等书中提到的饮食多为北方特色。他曾到天津一位老友家中做客，吃到一些红烧肉、辣子鸡、香菇油菜之类的菜，以为十分鲜丽清雅，比北京馆子里做的好多了。1999年5月，我因开会住在西山大觉寺的玉兰院，恰逢季羡林先生住在四宜堂，早晨起来我陪老先生遛弯儿聊天，他见到我第一句话就说：“这里的扬州点心很好吃。”其实，我对大觉寺茶苑中的厨艺水平十分了解，虽然那几日茶苑为他特意做了几样点心，但其手艺也实在不敢恭维。聊天中老先生与我谈起他的饮食观，他说他一生之中什么都吃，没有什么特殊的偏爱，用他的话说是“食无禁忌”，也不用那么听医生和营养学家的话。

（标题为编者所拟，原题《莼鲈盐豉的诱惑——文人与吃》，作者赵珩，文章有删节，选自《老饕漫笔：近五十年饮馔摭忆》，生活·读书·新知三联书店，2012年6月）

读歇后语

百家姓里的老四——说的是理（李，在百家姓排第四，与“理”谐音，表示要讲理。）

关公战秦琼——挨不上（关羽是三国时期的大将，而秦琼是大唐的开国英雄，二人相距好几百年，以此比喻毫不相干。）

误会

◎梁容若

梁容若（1904—1997），语言学者、比较文学家，主要著作有《坦白与说谎》《国语与国文》等。其散文是典型的学者散文，意脉显著，内容充实，质朴而文采斐然。

古人说：“人之相知，贵相知心。”可是人心隔肚皮，心心相印的事，从来很少。相反地，猜疑误会，想入非非，倒是常有的。

口吃的人，被误认为不喜欢讲话；近视眼的人，被误认为不爱理人；等着稿费买菜的人，被误认为有发表欲：这些虽是不白之冤，倒还没有什么。《捉放曹》一出戏里，记载吕伯奢家人磨刀预备杀猪给曹操吃，曹操、陈宫听到霍霍的声音，却误认为吕伯奢一家要谋害他们，起疑心，杀了老丈的全家。他们本来是相知不深的，曹操又是生来多疑的人，所处的环境又特别需要警戒，造成误会，还不算稀奇。张耳、陈馀原来是同生死共患难的好朋友，张耳被秦朝王离的兵包围在巨鹿城里，派两个小将张黡、陈泽突围向陈馀求救。陈馀分给他俩五千兵，回救巨鹿，路上被秦兵包围，全军覆没，两将也战死了。等到巨鹿解围以后，张耳却认定张黡、陈泽是被陈馀所害，无论陈馀怎样解释，都没有效果。结果先之以绝交，继之以对立，战争拼命，陈馀到了儿死在张耳手里。误会拆散了“刎颈之交”，这是最有名的故事。

英明如汉武帝，和他的太子据，本来父慈子孝，融融和乐，因为各自听信流言，衰老的父亲怀疑儿子用邪术诅咒，儿子怀疑父亲偏心，要废长立幼，互相猜疑，互相防范，互相考察，结果造成父亲的兵和儿子的兵在长安城混战一团，死了几万人，太子据也终于畏罪自杀。过了许多年，武帝才悔悟到太子是冤死的。父子关系最切，接触最久，应当是相知最深的了，还经不起误会，关系不如父子的，问题当然更容易发生了。

文天祥、李庭芝都是忠勇奋发、决心抗元的，然而李庭芝却下过令拘捕文天祥，防备他为元朝人说降。黄得功、左良玉都是忠于明朝的，他们却自己在沿江混战一团，坐视清朝兵的南下。要不是岳武穆被误认为桀骜难制，宋高宗是不会坐视秦桧诬陷他以死罪不表示意见的。李绪教匈奴练兵，要不是误传成李陵，武帝何至于杀陇西李氏的全家？古今中外，多少骨肉间的悲剧，伦常的惨变，人和人、家庭和家庭间的纠纷，常常是起于极小的误会，双方将错就错，刺激反拨，以血洗血，使读历史的人回肠荡气，废书叹息，起一种“人间何世”的感慨。

古诗说：“君子防未然，不处嫌疑间。瓜田不纳履，李下不整冠。”多看多听多想，步步自己检点，尽可能地避免被人家误会，当然是人人应当努力的。可是碰到过分神经质、小心眼儿的人，你越避嫌疑，他越想入非非，也是有的。在李子树下，歪戴着帽子，如果不是帽子里藏着李子，怎么不戴正呢？在瓜田边趿拉着鞋跑，如果不是腰里藏瓜，怎么不登好鞋再走呢？你看嫌疑还怎么避？所以真正的君子，也只有帽子该整就整，鞋子该登就登，在瓜田李下也好，在其他地方也好，见怪不怪，我行我素，谅解也好，不谅解也好，尽了人事，听候命运的裁决了。

（选自《人情长短》，上海社会科学院出版社，1995年1月）

千秋评说 

周公恐惧流言日，王莽谦恭未篡时。向使当初身便死，一生真伪复谁知？（［唐］白居易）

在原始的生命里不存在慈悲。有人把慈悲误认为恐惧，而这样的误解铸就了死亡。（［美］杰克·伦敦）

正如哲学是研究他人误解的学问，历史是研究他人错误的学问。（［英］菲利普·古德里尔）

今人一得 

误会与小说

◎陆文夫

我们想把误会引入小说的时候，须要十分谨慎，十分注意。如果把小说的基础都建筑在误会上，就等于在气垫上建造楼房，当你自己动手把气垫戳穿的时候，你那精心营造起来的华屋顷刻间便成了一堆瓦砾……误会法的两种写法各有千秋，第一种写法是把误会当作悬念，吸引着读者看下去，看到最后才恍然大悟，或者是自感上当受骗。这种办法好像是拼命地向车胎里打气，打足了再把气门一拔，放得光光的。第二种办法是一面打气一面放气，书中的人物喜，读者并不喜；书中的人物悲，读者并不悲；书中的人物掉眼泪，读者简直觉得滑稽。因为此时的读者很高明，他会咧着嘴：“嘻，何必呢！”所以用误会法写成的小说，往往只能制造一点喜剧性的效果，是很难使读者留下什么深刻印象的，因为误会法的本身就有一个致命的弱点——假的！

我所以要把误会法加以举例说明，是想把它限制在一定的范围之内，其目的是将误会和误解、欺骗、隐瞒等等有所区别，防止在对误会法略示不恭之际把误解、欺骗和隐瞒也加以反对。此三者在小说中俯拾即是，你反不了，也不应该反。虽然误解、欺骗、隐瞒也可以造成误会，但它们和误会法有根本的区别。误会法的双方是一无矛盾，二无动机，三无认识和性格上的差别，纯粹是不知，一知以后便万事大吉。误解、欺骗和隐瞒则不然，它们本身都是有目的、有矛盾、有差别的。林黛玉和贾宝玉之间不停地闹点儿小误会，是因为贾宝玉落拓不羁，林黛玉小心多疑，是个性和心理状态造成的。诸葛亮唱空城计，使司马懿闹了个大误会，那是判断的错误，是认识上的差别。至于欺骗和隐瞒等等，都是出于某种邪恶的或善良的动机。凡此种种也都能造成误会，但应该把它们纳入误解的范围，不能统统列入误会法而加以反对，否则的话，倒霉的小说家就会一筹莫展！

（标题为编者所拟，原题《误会与巧合》，文章有删节，选自《人之于味——陆文夫散文》，浙江文艺出版社，2015年10月）

读词

如坐春风：形容同道德高尚、学识渊博的人相处，受其熏陶。与“景物”无关。

我来自田野

◎唐弢

唐弢（1913—1992）以泼辣犀利的杂文著称，颇有“鲁迅风”，其散文诗也同样出色，常熔诗情与哲理于一炉。

我来自田野，沃原培植我的童年，泥土使我结实，而生活却召我以工作。每天，天才光动，我一骨碌爬起身，帮着长工们整理农具，吃力地负向垄头。天外，那儿是数不清的畎畦，望不尽的阔野，虽然种着的多半是地主们的淫靡和逸乐。但这地皮是榨不尽，也刮不完的，它还允许我们栽下一颗小小的希望，在泥土里发芽，茁长，却又催五月的南风带来收成的愉快：菜花黄后，麦子渐老，田禾收完，大豆又绿遍了高地。谁说这不是黄粱旧梦？卖尽劳力，望到年月，而伴着我们的仍然是逼人的穷窭！

我们没好，我们是不会好的！

我来自田野，雨露灌溉我的童年，风霜使我强健，而生活却召我以工作。每天，天才光动，我一骨碌爬起身，打扫净栏房里的粪泄，把牲口赶出门去。天外，那儿有结队的羊群，独步的稚牛，绿茵里缀上了黄斑白点，低头徐啮，就这样默守着宇宙的静穆。每当夕阳西下，暮鸦曳着炊烟回林的时候，它们就在我的呼唤里集合，踏着自己的蹄影，步入了锁住自由的栏房，以皮肉换取豢养，以辛劳换取鞭策，这就是生命的意义！嚼着苦汁走完了冗长的路途，我们究竟比牛羊聪敏了多少！

我们没好，我们是不会好的！

于是，我辞别田野，跨过海，投进异样的人群，如撩取水面的影子，我追捕着生活的美梦。为了争取自由，我才戴上桎梏；为了袭致光明，我才沉入黑暗。嗅过了铜臭的气味，又去看工头的面目，熬住苦疼，磨平头角，一丝影子掠过我的脑门，我来自田野。

基督？然而在我的世界里没有神。我爱摩西的杖，点化江河的清流泛起鲜血（这可不是神话）。它是天边的长虹，人间的毒蛇。我把它埋入心底，因为我的心是泥土做成的。广阔，厚实，肥沃，有一股清幽的气息，心是田野。

（选自《中国现代散文诗选》，四川文艺出版社，1986年4月）

烟花

◎黄永玉

画家黄永玉（1924— ）为人洒脱恣肆，行文幽默睿智，文化记忆与乡愁书写是他关注的重点。本诗以儿童口吻写来，语言俏皮，天真烂漫。

除夕晚上
天空像座花园，
开满七彩
会响的花。
一朵朵升起
又一朵朵不见。

“爷爷，它们到哪里去了？”
“变星星去了。”

“那么多星星，他们是谁？”

“是诗人。是屈原杜甫，是曹植，
是李义山。”

“远远的星星呢？”

“是外国诗人。”

“那草上飞着的萤火虫是谁？”

“是变不成星星的诗人
在找回家的路咧！”

（选自《黄永玉全集·文学编1·诗歌》，湖南美术出版社，2013年9月）

读典故

请长缨：据《汉书·终军传》载：“南越与汉和亲，乃遣（终）军使南越，说其王，欲令入朝，比内诸侯。军自请：‘愿受长缨，必羁南越王而致之阙下。’军遂往说越王，越王听许，请举国内属。”后来用“请长缨”指立志报国、降伏强敌。

论教育

◎[德]伊曼努尔·康德

赵鹏　译

伊曼努尔·康德（1724—1804），德国古典唯心主义的创始人。1776年，在当时德国的哥尼斯堡大学任教的康德开始讲授教育学，他采用腓特烈·博克《教育艺术教程》作为教材，在讲授课程的时候，提出了自己的看法和意见，于是产生了《论教育学》一书。

人是唯一必须受教育的被造物。我们所理解的教育，指的是保育（养育、维系）、规训（训诫）以及连同塑造在内的教导。据此，人要依次经历婴儿、儿童和学生这样几个成长阶段。

动物合乎规律地运用其所具有的各种能力，

也就是说，以不会对自己产生危害的方式加以运用，这的确令人赞叹——比如人们发现，那刚刚孵出的雏燕，眼睛还看不见东西，就已经知道要让排泄物落到巢外了。因此，动物是不需要保育的，至多是有食物、温暖和引导，或者一定的保护就足够了。大多数动物的确需要喂养，却不需要保育。保育意味着父母要采取预防措施，使孩子不会有害地运用其能力。比如说，如果动物也像婴儿一样，一来到世上就放声啼哭，就难免成为自己哭声所引来的狼或其他野兽的猎物。

规训或训诫把动物性转变成人性。动物的本能已经是其全部，一个外在的理性已经把一切都为它安排好了。人却要运用自己的理性。他没有本能，而必须自己给自己的行为制订计划。但因为他不是一生下来就能这样做，而是生蛮地来到这个世界的，所以就必须由别人来为他做这件事。

人类应该将其人性之全部自然禀赋，通过自己的努力逐步从自身中发挥出来。教育是由前一代人对下一代进行的。对此人们可以到生蛮状态中去寻求第一开端，也可以到完满的、有教养的状态中去寻找。如果后一种情况被当成是先前和最初就存在的，那么人必然是后来又再度野蛮化并堕入生蛮状态之中了。

规训防止人由于动物性的驱使而偏离其规定——人性。比如，规训必须限制人，以使其不会野蛮鲁莽地冒险。因此规训是纯然否定性的，也就是那种把野性从人身上去除的活动，与此相对，教导则是教育的肯定性的部分。

野性指的是不受法则规约。规训将人置于人性的法则之下，并且由此开始让他感受到法则的强制。这必须及早进行。因此人们把孩子们送进学校时，首要的目的并不是让他们到那里学习知识，而是让他们能由此习惯静坐，严格遵守事先的规定，以便他们在将来不会随便想到什么就真的马上做什么。

但是对于自由，人有一种如此强烈的、出自自然的趋向，以至于如果他有一段时间习惯于此，就会为它牺牲一切。正因为如此，规训必须像前面说过的那样，及早施行，晚了就很难再改变一个人。他会总是任性而为。人们也可以在各野蛮民族那里看出这一点：他们尽管长时间地服务于欧洲人，但从来不能适应后者的生活方式。在他们那里，这并不是一种对自由的高贵倾向——像卢梭和其他一些人以为的那样——而是某种在动物还没有发展出人性时所具有的生蛮性。因此人必须尽早习惯于将自己置于理性的规定之下。如果人在幼年时被放任自流而不加遏阻，那他就会终生保有某种野性。那些从小被母亲娇生惯养的人也是无可救药的，因为他们一旦踏进社会，就会越来越多地受到来自四面八方的阻力和打击。

（标题为编者所拟，文章有删节，选自《论教育学》，上海人民出版社，2005年5月）

千秋评说

教育的根是苦的，但其果实是甜的。（[古希腊] 亚里士多德）

只有受过一种合适的教育之后，人才能成为一个人。（[捷]夸美纽斯）

创造人的是自然界，启迪和教育人的却是社会。（[俄]别林斯基）

美善合一

◎刘悦笛

在人类教育体系中，真、善、美的教育，理应是平衡的：真离不开善，善不离于美，美也离不了真。按古典哲学的观点，人类的心理结构分为知、情、意三部分。研究知识的是认识论，研究情感的是美学，研究意志的是伦理学，三者与真、美、善相匹配，即真、美、善是知、情、意追求的、要达成的目标。

然而，三种教育之间的本然关联常被忽视，真的教育往往不管善的教育，善的教育隔离美的教育，以致我们的教育中，知识教育就是为了单纯的传授知识，丧失了美的品质；道德教育时常等同道德说教，失去了美的品格。

无论现代道德的建立，还是古典道德的重建，都要求我们具有“美善合一”的视野。而许多学校的国学教育倾向以文本为主的道德灌输，忽视了儒家本真的礼乐传统。对于这个问题，在《论语·泰伯》记载的孔子名言“兴于《诗》，立于礼，成于乐”中可见一斑。“立于礼”说的是善，说的是道德的树立，“兴于《诗》”“成于乐”则直接关乎美。在孔子看来，诗之美与乐之美，不是囿于审美的，而要做到美善一体。这怎么理解？

“兴于《诗》”说的是道德培养要从读《诗经》开始，而不是直接进行道德说教。孔子说的“《诗》三百，一言以蔽之，曰思无邪”，便是说读《诗经》不是为审美而审美，而是有道德教育的目的。

“成于乐”说的是人格成就的终极境界，要在乐当中方能“成”。这个“成”是一种大成、完满、完善，这种境界中，乐甚至在礼之上。新儒家学派大家徐复观老师在《中国艺术精神》一书中就指出，“礼乐并重，并把乐安放在礼的上位，认定乐才是一个人格完成的境界，这是孔子立教的宗旨”。这意味着，乐不能为礼所压制，否则会造成干巴巴的道德教育，儒家倡导的是一种理性与感性美妙结合的教育境界。

（标题为编者所拟，原题《以“美善合一”汇通德育与美育》，文章有删节，选自《福建教育》2018年第9期）

现代人的智慧

◎[日]汤川秀树

乌云其其格　译

汤川秀树（1907—1981），物理学家，1949年荣获诺贝尔物理学奖。作为日本第一个诺贝尔奖得主，汤川秀树在日本获得了极大的荣誉，各种各样的演讲邀请和报纸杂志约稿纷至沓来，表达其科学观的文集《现代科学与人类》即是这些邀请和约稿的产物。本文即出自该文集。

随着原子物理学研究的不断深入，从预见到原子能的利用价值的瞬间开始，我们就再也无法将科学家之作为科学家的生活方式、思维方式，与其作为一个普通人在其他领域中的生活方式、思维方式分割开来进行考虑了。人们无论如何都不能再说，以何种目的利用核能，与科学家本身毫无关系了。原子物理学家的情形就是一个最显著的例子。同样，在其他许多情形下，当科学成果开始具有了实用性时，伦理、道德等问题也会随之出现，尽管存在程度上的差别。与其说科学的发展让人性的各个侧面得到体现，并促进了人类形象的形成和发展，毋宁说，伴随科学的发展出现了人性的整体性被分裂和破坏的倾向。

科学向各个领域分化，造就了一大批在局部领域拥有可信赖知识和技术的专家。随着人类制造的机器种类的增加和各种机器的不断精巧化，使用机器的人开始不用去考虑机器运转的原理了，他们仅仅满足于掌握简单的机器操作。本以为自己是操作机器的人，竟然在不知不觉中变成了离开机器的帮助就无法生存的动物。机器改变、增强了人的各种劳动能力，这的确是一件好事，然而当机器开始逐步代替人脑的作用时，其结果如何，人们难免产生新的疑问。

谁都无法否认存在这样一种危险性：由于以上提到的各种原因，人性各个侧面的统一性遭到破坏，最终将导致人性的丧失。而且我认为我们无法否认这种破坏是在剥夺人类的幸福。最近，人们常常讨论“科学给人类带来的究竟是幸福还是什么别的东西”这样一个问题，对此要做出一个很自信的回答，绝不是一件容易的事情。我不知道生活在19世纪的人会怎样回答，但是对于我们这些生活在20世纪中期的人来说，无论如何都无法肯定地回答说，科学必定给人类带来幸福。

说起来，科学的进步未必能保证使人类生活得更加幸福。科学，通常是人类为开拓自己面前的未知世界而付出努力的体现，以及对于人类而言各种新的可能性的发现。在未知的世界中，究竟有些什么呢？新发现从来就不能够保证带给人类幸福。它带给人类的，或许是幸福与繁荣，也或许是人性的丧失和全人类的毁灭。

幸福究竟是什么？很难给出一个确切的答案。究竟有没有一种学问能够对“何为幸福”做出直接回答？有时我甚至想，其实所谓人类的幸福，永远都不会成为直接的学术研究对象。人的喜怒哀乐是发自人类心灵深处的感情的表达，在多数情况下，这种感情的发端是无法预料的，是超越人类意识和反省的。如前所述，人的心中有很多东西是连自己都没有意识到的。人的心中至今还保留着人类在成为人类以前就拥有了的东西，不管你有没有意识到，它们都存在。人的喜怒哀乐正是与这些东西密切相关的，因此，我们很难撇开这些东西，而对人类的幸福问题给出一个科学结论。每个人心中都有无法简单加以论断的东西，而人的喜怒哀乐，乃至人类的幸福，都与那些无法做出论断的东西密切相关。

在人类世界中，人们所期望的且被认为在理论上行得通的事情往往并不容易实现，相反，那些有异议的事情却能成为现实，这也雄辩地证明，人类并非是只受所意识到的自我——成为合理的思考和反省对象的自我——驱动着。但是，尽管如此，这并不意味着我们可以轻视人类自身所具有的理性的、合理的思维能力。相反，我们可以任潜藏在自己意识最底层的东西浮现于意识之上，或者，通过我们的理性使理性自身得到更深入的发展，进入更深层的区域，将人性中更广阔的领域纳入合理思考的范围。并且，我认为，人类必须沿着拯救今后世界中人性的分裂和丧失的方向前进。我确信，这就是现代人的智慧。

（文章有删节，选自《现代科学与人类》，上海辞书出版社，2010年7月）

千秋评说

科学本身无所谓道德和不道德，只有利用科学成果的人们才有道德或不道德之分。（[法]约里奥·居里）

科学是一种强有力的工具。怎样用它，究竟是给人带来幸福还是带来灾难，全取决于人自己，而不取决于工具。刀子在人类生活中是有用的，但它也能用来杀人。（[美]爱因斯坦）

科学失去道德标准，接着就会丧失认识力量和实践活动，于是科学就变成伪科学。（[苏联]皮萨尔日夫斯基）

今人一得

深度科技化的未来情境

◎段伟文

从人类演化的当代趋势来看，人类已经走上了以科技改变自身甚至超越自身的深度科技化之路，对人工智能乃至超级人工智能的追逐便是具体体现之一。当代科学哲学家和科学技术论学者史蒂夫·富勒指出，在面对未来的不确定性时，人们一般遵循两种原则，一是风险厌恶型的预防性原则，二是风险偏好型的主动性原则。预防性原则强调在决策前要把所有的情况想到最坏，审慎地做出选择。主动性原则主张充分地考虑最乐观的情况，任何事情都以最乐观的态度面对，认为一切都会朝着好的方向发展，为了抓住可能出现的机遇而甘冒风险。从人类的命运来说，甘冒风险和主动地寻求颠覆性的创新似乎是人性中固有的诉求，创新既充满风险又似乎是无止境的。

如果说人类文明源于第一个敢于直立行走的猿人，那么放在生命演进的宇宙时间里看，主动性原则很可能更能体现人类的初心。展望人类深度科技化的未来情境，大致可以指出三点。其一，人类文明的未来是高度不确定的，如果可以用量子态来表示的话，人类将处于飞升与幻灭的叠加态。其二，只要人类无法抑制其对不断创新的好奇心，其未来情境必然是控制的危机与控制的革命永无止境的缠斗。其三，如果前面两点分别由人类的命运和人性的诉求所决定，那么人类可以做的一个关键性选择是确立创新的速度和限度，或者说如何在颠覆性的创造和颠覆性的毁灭之间找到一个人类文明可以承受的界限。更进一步而言，是否存在这个界限以及这个界限是什么，无疑是宇宙与生命最为终极的问题，而奇点是否会降临的谜底，大抵可在此问题的答案中得到线索。

（标题为编者所拟，原题《控制的危机与人工智能的未来情境》，文章有删节，选自《探索与争鸣》2017年第10期）

多读一点 

汤川秀树与浑沌之梦

六十年前，诺贝尔物理学奖首次授予了一位日本的科学家——汤川秀树，以表彰他在介子理论研究上的开创性工作。

汤川早年从事原子核与宇宙射线的研究。他预见存在一种未知的基本粒子，产生了使原子核得以结合的力。汤川称这种新粒子为“介子”。1934年提出这一理论时，他年仅27岁，从京都大学物理学系毕业刚五年，任大阪大学讲师。他没有留学欧美的经历，是一位地地道道的“土鳖”。十五年后，介子研究为汤川赢得了诺贝尔奖的殊荣。

一些人认为，汤川发现介子与他做的一个梦有关。

梦的内容是两千多年前的《庄子》中的浑沌寓言。它讲述了这样一个故事：南海帝王儵和北海帝王忽，时常相遇于中央帝王浑沌的地盘，受到很好的招待。儵和忽谋求报答浑沌的恩德，说：“人皆有七窍来看、听、饮食和呼吸，唯独这位没有，我们来试着凿这七窍。”日凿一窍，七日而浑沌死。

然而，所谓汤川的介子理论与他做过浑沌之梦有关，并非历史事实。

介子理论的主要思想在汤川头脑中浮现并变得清晰，是在1934年的9月。当时一场猛烈的台风席卷了大阪地区。许多年后，汤川曾不无幽默地说，尽管对于台风的能量无法控制，但可以期待由于台风袭击而产生的一种精力极度集中的忘我境界，促使基本粒子的新观点得以诞生。1965年，汤川的文集《人类的创造》出版。他的助手井上健在为该书所写的编辑说明中，回忆了前一年在介子理论三十周年庆典上，汤川对介子理论与那场台风关系的诙谐的讲话。

汤川与浑沌寓言发生思想碰撞，是1956年前后发生的事情。当时已经发现了三十多种不同的基本粒子，每种粒子都带来谜一样的问题。物理学家们不得不进一步思考，这些粒子背后的实质到底是什么。他们想找到比基本粒子更为基本的物质。物理学家们倾向于相信万物中最基本的东西没有固定的形式，但又能分化为一切种类的东西。有一天，汤川沿着这样的思路考虑问题时，突然想起了《庄子》的这则寓言，从中“隐隐约约地看到我们通过物理学研究而最后获得的那个微观世界”。他非常惊讶，两千多年前的庄子，“竟然有一些想法在一定意义上非常相似于今天像我这样的人的想法”。当然，汤川对庄子的这种现代物理学解读是不可靠的。

（作者韩健平，文章有删节，选自《科学时报》2009年12月25日）

巴旦杏树

◎[法]阿尔贝特·加缪

郭宏安　译

二战期间，阿尔贝特·加缪（1913—1960）住在非洲圣母院街区一所伸向大海的大房子里，房子位于巴旦杏树的环绕中，就在那里，他开始创作题为《巴旦杏树》的短篇随笔，利用尼采给他的忠告，向人们——首先是向他自己——建议一条乱世中的和平之路。

拿破仑曾对封塔纳[1]说："您知道世界上我最欣赏什么吗？那就是权力之有所不能。世上只有两种力量：刀剑和精神。从长远看，刀剑总要败于精神。"

可见，征服者有时也难免伤感。虚妄的荣耀何其多也，总要付出些代价。然而，一百年前刀剑能做的事，今天坦克却不能了。征服者曾经屡屡得手，四分五裂的欧洲那些没有精神的地方一片沉闷的寂静。在丑恶的佛兰德战役期间，荷兰的画家也许还能画画家禽饲养场里的公鸡。人们甚至忘了百年战争，不过，西里西亚的神秘主义者的祷告，一些人还记忆犹新。然而今天事情已经变了，画家和僧人都被动员起来：我们和这个世界休戚与共。精神失去了那种征服者也知道并承认的必胜的信心，它现在不知道如何控制权力，于是就诅咒它，直至筋疲力尽。

善良的人们要说这是一桩恶了。我们不知道这是不是一桩恶，但我们知道这是一桩事实。说到底，事情必须解决。因此，知道我们想干什么也就够了。而我们想干的恰恰是绝不再在刀剑面前低头了，绝不再赞同不为精神服务的刀剑了。

的确，这是一项完不成的任务，然而我们活在世上正是要不断地去做。我不大相信理性，因此不相信进步，我也不相信任何历史哲学；但我至少还相信人在对其命运的觉悟中从未止步不前。我们不曾战胜我们的局限，但是我们对它有了更深的认识。我们知道我们处在矛盾之中，但是我们也知道应该拒绝矛盾，为所当为，以减少矛盾。我们的作为人的任务乃是找出一些办法来平复自由的灵魂所经受的那些无尽的焦虑。我们要把已经被撕破的再缝合起来，给这个明显不公正的世界以可以想象的公正，给受到世纪之不幸毒害的人民以有意义的幸福。当然，这是一项非人力所能的任务，然而所谓非人力所能，正是人类长期以来致力于完成的任务，如此而已。

让我们明了我们想做什么，让我们始终坚信精神，哪怕权力为了诱惑我们而摆出一副舒适的面孔。第一件事是不绝望，不要过多地听信那些高喊世界末日的人。文明不会这样容易地死亡，就算这个世界要毁灭，那也要在别的世界的后头。我们的确是处在一个悲剧的时代，但是，把悲剧和绝望混为一谈的人也太多了。“悲剧，”劳伦斯说，“应该是给不幸之狠狠的一脚。”今天有许多事情应该受此一脚。

我住在阿尔及尔的时候，冬天里总是耐心地等待，因为我知道一夜之间，2月的一个寒冷而纯净的夜里，执政官山谷里的巴旦杏树就会开满白色的花。然后，我惊喜地看到，这片脆弱的雪顶住了一场场的雨和一阵阵的海风。然而，这片雪每年坚持的时间，恰为准备果子成熟所需。

这不是象征。我们不能用象征得到我们的幸福，必须有更为严肃的东西。我只是想说，有时候，在这个到处还是灾难的欧洲，当生活的压力变得过于沉重的时候，我就回首望着那些阳光灿烂的国度，那里还有那么多的力量完好无损。我对那些国度很了解，不会不知道它们乃是静观和勇气可以取得平衡的首选之地。面对那样的榜样之沉思告诉我，谁想拯救精神，谁就要无视它那些好诉苦的品质，而激励它的力量和威望。这个世界已被种种的不幸毒害，似乎在不幸中扬扬自得。它已完全地受制于尼采所谓笨重精神的那种不幸。别把手伸给它。为精神哭泣没有用，为它工作就够了。

（文章有删节，选自《蒂巴萨的婚礼——加缪散文菁华》，中央编译出版社，2015年6月）

---

[1]封塔纳（1757—1821）：法国诗人、批评家。

千秋评说

人既然是精神，则他必须而且应该自视为配得上最高尚的东西，切不可低估或小视他本身精神的伟大和力量。（[德]黑格尔）

人类的精神会把它本身所具备的秩序和光，照在纷争不已的世界上。（[法]罗曼·罗兰）

无论是绝望还是不幸，归根到底都是人的精神使然，从这个意义上说，希望首先产生于克服自身的悲观情绪之中。（[日]池田大作）

今人一得

撕裂与缝合

◎李国华

古人说，人之所以异于禽兽者几希。这大概是说人身上有动物性，很多地方和动物不容易区分开来。但人哪里会甘于和动物一样呢？就算是真的和动物一样，也不肯承认。例如吃，在动物，就是吃东西；在人，就是饮食文化。例如排泄，在动物，就是排泄；在人，就是方便……自从意识到自己是人，而不是别的什么，人就在人和非人之间撕开了一条裂缝。然而，因为人和动物终究不能够完全撕开，所以就撕得破破烂烂的，显示出人的荒唐和渺小。

可是，在人的世界里，话是由人说了算的，人的形象也可以被美化为崇高和伟大。例如说人是一棵会思想的芦苇，说人的精神本身具备秩序和光，会使世界获得秩序和光，这些话都说得很妙，把自己亲手撕出来的裂缝又巧夺天工地缝合好了，浑然天成，仿佛从来没有什么裂缝似的。这种自己撕破又自己缝合的情形，确实妙不可言。

个体的人多了之后，彼此观念上渐行渐远，看到那些撕破了缝合、缝合了又撕破的情形，意见也往往相互矛盾，打起架来。喜欢用武力决一雌雄的人，自然不会太反感战争；注重精神和情感的人，自然不会认可战争，便要以别的方式显示自己。后一种人讨厌前一种人，现在是很清楚的，而前一种人也不太可能中意后一种人。但有意思的是，二者也常常合作，从理想国里被驱逐出去的诗人，早就回国了。

那么，加缪到底是一个回国的理想国弃徒，还是一个从伊甸园出来的思乡病患者？他所惦念的瞬间花美，是诗人以想象的方式缝合的一幅破碎的现代图景，还是以流浪者的精神加以玩味的？不管怎样，确信他是以诗人的身份去想象世界的稳定和美好，也不错吧。毕竟，巴旦杏树开花时，是很美的，而且也充满力量，足以抵挡心灵的寒霜和风雨，足以抚慰一时的失落和沮丧。

（李国华：同济大学人文学院副教授）

多读一点

加缪：熟悉的“陌生人”

加缪思想的可贵和深刻之处在于：他始终坚持对人的信念、对生活的热爱。他由衷地赞美这个世界和生命的美好，但是对于这个世界的阴暗面，他始终保持着清醒的认识，从不盲目乐观。这种态度正是他所推崇的“地中海思想”的精髓。

总有人将加缪的思想与萨特的存在主义混为一谈，事实上，加缪和萨特思想的指向以及终极目的都大相径庭。萨特从否定上帝的存在走向了否定一切先天永恒的价值原则，走向了价值虚无主义。在他看来，没有先于存在的本质可言，因此也没有先于存在的永恒价值，无论是上帝、人性还是永恒的善。“随着上帝的消失，一切能在理性天堂内找到价值的可能性都消失了，任何先天的价值都不复存在了”，人先于其本质而存在，然后在自由的行动选择中决定自己的本质和存在价值。

加缪值得我们更全面、更深入阅读的原因，还不止于此。我们常常将其简单视为法国作家，事实上，这位身世独特的法阿混合裔作家的童年、少年、青年时代，都在北非的阿尔及利亚度过，直至29岁才移居法国。他的思想中最重要的那些成分，他的艺术中最根本的那些因素，他的情感中最强烈深沉的那些牵挂与依恋，都与阿尔及利亚息息相关。

阿尔及利亚是引领我们走进加缪心灵的一把钥匙。如果不知道北非那片土地对于他意味着什么，那么我们就无法真正懂得他的作品来源，他的精神世界，他的情感所系，他的思想和信仰指向。加缪的文学创作开始于对阿尔及尔贫民区贝尔古生活的回忆（《反与正》《婚礼集》《夏天》），他的中篇小说集《流亡与独立王国》，他生前最后一部小说《第一人》又回到了阿尔及利亚。阿尔及利亚不仅是他内心深处的创作源泉，而且是他一生的情感所系。在加缪的心中，阿尔及利亚就意味着母亲和故乡，意味着他真正的祖国，他在阿尔及利亚独立战争期间经历的痛苦煎熬，根源就在于这份刻骨铭心的情感。关于这一点，加缪本人在《反与正》的再版前言里曾经专门提到过：

“每个艺术家都在自己的内心深处保存着某种独一无二的源泉，在其一生中为他的做人和表达提供养分。……对我而言，我知道自己的源泉就在《反与正》里，在那个我曾经长久生活过的贫穷与阳光并存的世界里。”

（作者黄晞耘，文章有删节，选自《解放日报》2017年10月21日）

垂钓

◎[美]亨利·戴维·梭罗

本文选自亨利·戴维·梭罗（1817—1862）的散文集《瓦尔登湖》。在梭罗看来，自然是美好的，人类应当回到自然中去寻找生活的意义。

有时，一天的除草既毕，我遂去湖边找我的钓鱼侣伴，这种人钓鱼的瘾头最大，已经从一早钓到这时，仿佛一片落叶那样，坐在那里一动不动。而每当我见到他时，他总好对我说，天下的各种哲学，他都身体力行，一一试过，但他自己恐怕仍属于古时的修道院僧一派。友伴中有一老人尤精于垂钓，为林中渔猎能手。他最喜把我那住处当作他往来捕鱼的歇脚地方，而我也最爱见他坐在我的门边整理钓丝渔具。有时我们也一道泛舟湖上，船头船尾各踞一端，彼此之间交谈并不多，因为他近年上了岁数，已经有些耳背，但有时他口中也哼着一首圣诗，那情趣倒颇与我的哲学相暗合。因此我们的交往始终融洽无间，至今耐人回味，如果仅凭语言，或者不能这么投契。不过更多的情形是我的周围无人可与交谈，这时我便以船桨连连叩舷，以激起回声为乐，只听那音响盘旋盈溢于空谷林木之间，礤礤有声，恍如动物园中的看守骤然把他的野兽都惊动起来，于是顿时山前山后，一片兽吼。

天气晴和的夜晚，我也常独驾一舟，弄笛湖上。这时水中的鲈鱼竟仿佛为我的笛音所迷，尾随船后；而俯视湖底，落木坠枝，横斜交错，皓月一轮，宛若行经其上，景色清幽。以前在那些黝黑的夏日夜晚，我曾不止一次与友人寻胜至此，这时我们总是先在岸边点起一堆篝火——我们认为这样最能把鱼召来，然后挂上虫饵去钓鳘鱼。待到夜色渐深，鱼也钓够，我们便把那尚未煨尽的木柴像烟火似的抛入夜空，一阵闪亮之后，木柴坠湖澌灭，嗤然有声。继而一切又归于阒寂。于是我们口边吹着小曲，又摸黑寻回我们那人间的住处。不过我最近索性就迁居到那里，傍湖而居了。

有时我一个人在简陋的会客室里兀坐很久，及至家人都已睡去，我又重新返回林中，半为遨游，半为明日的盘飧筹措，于是竟于夜半自操一舟，趁着月色，独钓湖上。这时鸱鸣狐啸，声彻林薮，偶尔岸旁也传来一两声怪鸟的鸣叫。回想这些夜游，至今历历难忘。船停泊在湖中40英尺[1]深处，离岸可二三十杆[2]，周围鲈鱼银鱼成群，不啻千百，正于月光之下翻舞嬉戏，不时在湖面泛起层层涟漪，而我这里凭着一根长丝在手，竟与那些潜踪在湖底三四十英尺下的神奇游鱼息息相通。有时我又将长60余英尺的钓丝一根长拖船后，于夜风习习之中，泛舟湖上，不时忽觉手下微微一颤，像丝绳的另一端处有个小生命在那里蠕动，却又仿佛忐忑犹豫，下不了决心。终于我轻轻将线一扯，双手交替地拉了上来，只见一条长着银角的鳌鱼已经活蹦乱跳在半空中。这事说来奇怪，而在深夜尤其如此，即是当你早已魂飞天外，神驰千载，深深沉思宇宙万有等重大问题时，蓦地里钓丝一动，幻梦打破，又把你重新牵回到现实里来。于是恍惚之中，仿佛我不仅能把钓丝垂入水下，也尽可以把它抛到天上，而那里或许更加缥缈空灵。如此看来，即使说我是一钓而得双鱼，似乎也不为过。

（选自《英美散文六十家（下）》，山西人民出版社，1984年11月）

[1]英尺：英美制长度单位，1英尺合0.3048米。[2]杆：长度名，1杆约相当于5米。

千秋评说

大自然的智慧在任何事物上都不存在分歧。（[古罗马]玉外纳）

我们往往只欣赏自然，很少考虑与自然共生存。（[英]王尔德）

到广阔的天地中去，聆听大自然的教诲。（[美]詹姆斯·布赖恩特·科南特）

今人一得

生态文学之思

◎谢宗玉

谈及生态文学，人们存在着一种印象：生态文学最重要的书写对象是那些花木藤草、鸟兽虫鱼，要把人类放在万物中去平等考量，核心思想是老庄的齐物观；生态文学仿佛就是要与工业文明为敌，推崇躲开现代文明，与原始山林为伍……然而只要认真思考就会发现，生态文学的视野不应止于此。从某种意义上来说，自然界并不存在真正的平等，食物链一环套一环，生生不息，连绵不绝，不是只靠人文观念中的平等友爱就能带来和谐。人类首先要做的是控制人口规模——如果科技的发展跟不上人类繁衍的速度，那么地球的生态压力就无法减轻；而如果人人都像瓦尔登湖畔的梭罗那样去生活，显然是不现实的，这也必将给自然带去一场毁灭性的灾难——对于70多亿人类来说，刀耕火种已不再是一种低成本的生活。

相对于庞大的人口数量，大自然不知从什么时候起，已变成了“小自然”“小小自然”，很脆弱，也很珍贵。回头去看，大自然之所以还没有完全被毁掉，一定程度上来说，是因为常被生态文学所诟病的现代文明在居中调停。如果不是现代文明、科学技术的高速发展使人类在都市中就能获得大量生活资源，大自然还有什么机会苟延残喘？全球森林的覆盖率又怎么能出现上升趋势？

生态文学当然应关注花木藤草、鸟兽虫鱼，对大自然怀有敬畏之心，反思人类的急功近利，但也不应忽略现代文明和科学技术的发展对于生态保护的重要性。时代已经走到了21世纪，与其退却去求诸历史，不如勇闯去求诸未来；与其反工业反现代文明，不如加大力度，多快好省地发展科技，推动文明滚滚向前。想想看，当农业、畜牧业、食品制造业更高效环保地提供健康的食品时，当无污染能源用之不竭时，当人类出行都在天上飞，地面的道路可以废弃时，当人口得到有效控制，不再给地球过大压力时，大自然无须伤及本体，就能给予我们馈赠，比如清风明月、花香雨露，那时，回归自然怀抱的我们才是问心无愧的。

（文章有删节，选自《光明日报》2018年2月2日）

读联

气备四时，与天地日月鬼神合其德；教垂万世，继尧舜禹汤文武作之师。——国子监大成殿对联

贝加尔湖啊，贝加尔湖……

◎[俄]瓦·拉斯普京
程文　译

瓦·拉斯普京（1937—2015），小说家。他的作品大多以西伯利亚农村生活为题材，心理描写细腻，笔调清新，富有抒情色彩。贝加尔湖位于俄罗斯东西伯利亚南部，是世界上最深、蓄水量最大的淡水湖。本文是作者对家乡圣湖的赞美之歌。

大自然作为世间完整的、唯一的造物主，毕竟也有它自己的宠儿：大自然在创造它时倾心尽力，精益求精，从而赋予了它特别的权力。贝加尔湖，毫无疑问，正是这样的宠儿。人们称它为西伯利亚的明珠不是没有道理的。我们暂且不谈它的资源，这将是单独的话题。贝加尔湖之所以如此荣耀和神圣，另有别的原因，就在于它那神奇的勃勃生机，在于它那种精神——不是指从前的，已经过去的，就像眼下许多东西那样，而是指现在的，不受时间和改造所支配的，自古以来就如此雄伟、具有如此不可侵犯的强大实力、具有天然的意志和诱使人去经受考验的精神。

我想起了我和一位到我家做客的同志同游贝加尔湖的事。我们沿贝加尔湖湖岸上古老的环湖路，步行良久，走出很远很远，来到了湖南岸一个最幽美、最明亮的去处。时值八月，正是贝加尔湖地区的黄金季节。这时节，湖水变暖，山花烂漫，甚至连石头在阳光下闪闪烁烁也像山花一般绚丽；这时节，太阳把萨彦岭重新落满白雪的远远的秃峰照得光彩夺目，放眼望去，仿佛比它的实际距离移近了许多；这时节，贝加尔湖储满了冰川的融水，像吃饱喝足的人通常那样，躺在那里，养精蓄锐，等候着秋季风暴的到来；这时节，鱼儿也常大大方方地聚集在岸边，伴着海鸥的啾啾啼鸣在水中嬉戏；路旁，各种各样的浆果俯拾皆是——一会儿是齐墩果，一会儿是穗醋栗，有红的，有黑的，一会儿是忍冬果……加之又碰上了罕见的好天气，晴天，无风，气候温暖，空气清新；贝加尔湖湖水清澈，风平浪静，老远就可看到礁石在水下闪闪发光，晶莹斑斓；路上，忽而从山坡上飘来一阵晒热的、因快成熟而略带苦味的草香，忽而又从湖面上吹来一股凉爽沁人的水腥气息。

贝加尔湖，它未尝不可凭其磅礴的气势和宏伟的规模令人折服——它这里的一切都是宏大的，一切都是辽阔的，一切都是自由自在、神秘莫测的——然而它不，相反，它只是升华人的灵魂。置身贝加尔湖上，你会体验到一种鲜见的昂扬、高尚的情怀，就好像看到了永恒的完美，于是你便受到这些不可思议的玄妙概念的触动。你突然感到这种强大存在的亲切气息，你心中也注入了一份万物皆有的神秘魔力。由于你在湖上，呼吸着湖上的空气，饮用着湖里的水，你仿佛感到已经与众不同，有了某些特别的气质。在任何别的地方，你都不会有与大自然如此充分、如此神会地互相融合、互相渗透的感觉：这里的空气将使你陶醉，令你晕头转向，不等你清醒过来，很快就把你从湖上带走；你将游历我们做梦都不曾想到过的自然保护区；你将怀着十倍的希望归来——在前方，将是天府之国的生活……

（文章有删节，选自《人像一根麦秸》，新华出版社，2003年1月）

你神采超凡的微笑

◎[英]威廉·华兹华斯

杨德豫　译

作为湖畔派诗人的领袖，威廉·华兹华斯（1770—1850）认为“所有的好诗都是强烈情感的自然流露”。他的诗歌清新又不乏深刻，主要作品有《抒情歌谣集》《远游》《革命与独立》等。

女士啊！你神采超凡的微笑
把我的心灵朗照；
这神采若在我眉宇间映出，
就请你欣然注目——
像高天皓月，怡然自得，
　望见自己的明辉
照亮了下界的静静山坡，
　照亮了滔滔流水。

（标题为编者所拟，原题《无题》，选自《华兹华斯诗歌精选》，北岳文艺出版社，2010年1月）

朱元璋倡导奏章“减肥”

在封建社会，臣子给皇帝写奏章时，大都沿用官样文章，套话连篇，使得奏章冗长而无实物。社会底层出身的朱元璋对这种假大空式的奏章很是反感。明洪武八年秋至九年初夏（1375—1376），大明境内出现了水灾和地震。古人迷信，将自然灾害与天意联系在一起，以为这是“老天示警”，朝廷施政不当因而引来“惩罚”。于是，朱元璋颁布诏书：满朝文武大臣和全国官吏，都可以上书进折，指出朝廷在执政过程中存在的偏差和错误，以便修改政令，求得老天的“原谅”。

当朝刑部侍郎茹太素就给朱元璋上了一道奏

折，奏章在朝堂之上由总管国家政务的中书省官员王敏读给朱元璋听。奏章前面写得很长，朱元璋听了半天也没听出奏章重点讲什么问题。据史书记载，朱元璋是位勤政的皇帝，每天要听、要看200多道奏折，处理400多件军国事务，所以他的时间观念很强。又听了一会儿，朱元璋实在不耐烦了，便打断王敏，质问道："茹侍郎到底想说什么事情，直接挑重点来讲！"王敏这才把奏折翻到最后，念出了奏章的正题：建议朝廷采取5项措施，赈济灾民，渡过灾荒。这5项建议不过区区500字，仅占奏章的1/5，前面的4/5全部是套话、官话和无关紧要的官样公文。

朱元璋认真看完奏章后，觉得茹太素提出的5条建议中有4条提得很有道理，于是当场宣布：5条建议采纳4条，茹侍郎提得好，赏！奏章写得太长，废话太多，罚！结果，当场将茹太素狠揍了一顿。

第二天早朝，朱元璋颁布诏书：今后官员在写奏章时，必须言简意赅，有一说一，有二说二，不许写些空泛无实的套话、虚话和空话，写官样文章耗时费力，而又毫无用处。同时，他还命令中书省制定了一个官员上折的统一格式，限定奏章的字数，要求奏章必须写得简明扼要，言之有物，挤掉水分，不讲套话。如果有违规者，将严惩不贷。

此令一出，全国震动。从此以后，官场的公文写作风气骤改，“短平快”成为明朝初期官场公文写作的主流风气和明显特点。朱元璋强制奏章“减肥”，不仅节省了笔墨，也节省了官员写作和皇帝批阅的时间。更为重要的是，它倡导了一种求真务实、雷厉风行的官场作风。朱元璋倡导奏章“减肥”的故事，如今读来，依然有借鉴意义。

（作者钱国宏，文章有改动，选自《文史博览》2017年第7期）

读词牌名

齐东曲：齐东，齐国的东部，这里指齐东的农夫。先秦《孟子·万章》云：“此非君子之言，齐东野人之语也。”孟子认为齐国东部的田夫野人说的话没有根据，听信不得。古时以“齐东语”比喻荒唐而没有根据的话。调名本义即为歌咏齐东田夫说荒唐话的乐曲。

烟草：从“圣药”到“毒草”

印第安人是最早的烟民，哥伦布从美洲回到欧洲后，“能从嘴里吐出烟雾”的印第安人形象便在欧洲人中传播。在随后的新大陆探险中，印第安人吸食烟草的情况得到了更详尽的描述。西班牙传教士巴塞洛缪·德·拉斯·卡萨斯参加过哥伦布船队的第二次美洲大陆航行，他在其著作《印第安人史》里写道：“一路上我们都能看到当地人，无论男女，手里拿着一根点燃的木炭和一些草状的植物。他们一边走路，一边点燃草叶，享受其散发出来的芳香。”

从好奇到尝试，欧洲人很快成为新的烟民。仅仅在哥伦布发现美洲十几年后，抽着烟的欧洲人形象已经在航海家的日志中大量出现——“每天有很多海员从新大陆返回欧洲，他们的脖子上大都挂着一种用棕榈叶做成的小烟斗。海员们认为吸入的烟雾不仅可以抗饿解渴，还可以驱除疲累恢复体力。就如醉酒一般，味道浓烈的烟雾让他们大脑彻底放空，精神也由此得到放松”。

不仅仅是放松身体，在当时的欧洲，烟草更被作为药物使用，例如西班牙人最早就称烟草为“圣药”。

可以说，烟草仅用了200年的时间即征服了世界。无论是作为“圣药”还是缓解疲劳的神奇作物，烟草迅速成为各个阶层喜爱的休闲良品。但当时沉溺于缥缈芳香烟雾中的人们大概不会想到，仅仅100余年后，烟草会作为“健康杀手”被人们嫌弃。

与现代人出于健康考虑而禁烟的目的不同，人类最早禁烟的原因来源于宗教。对于部分欧洲人来说，弥漫的烟雾让人联想到邪教的仪式，而烟草本身更被视作魔鬼的产物，散发出“黑弥撒”。

1642年1月30日，教皇乌尔班八世颁布了教旨《为了将来的回忆》，其中写道：“令人厌恶的烟草汁液沾污了神圣的教袍，刺鼻呛人的烟味污染了神圣的殿宇，也让那些一心向好的教徒感到无比愤慨。吸烟者们早已将对神明的敬畏之心抛之脑后。”很快，乌尔班八世发布了将所有吸烟者逐出教会的教令：“无论个人还是团体，无论男女，无论普通民众还是神职人员，任何人无论以嚼、吸或抽烟斗等任何方式在教堂内吸食烟草，都将被逐出教会。”

学界介入反烟草运动可以作为禁烟史的转折点。1828年，德国化学家W.波塞尔特与L.莱曼首次从烟草中分离出一种有害的活性物质，并将其称为“尼古丁”。此后，“烟草无害”的观点开始受到质疑。

1868年7月11日，早期的民间反烟草组织“反对滥用烟草联盟”在法国成立。《茶花女》的作者小仲马随后也加入这一组织，据说是因为其父大仲马嗜烟如命的习惯让小仲马相当反感。

有意思的是，作为世界首次无产阶级运动，巴黎公社在法国禁烟运动中起了很大的反面作用。巴黎公社运动后，法国医生若利写道：“可以肯定的是，在酒精和烟草的双重影响之下，兴奋的情绪达到了极致……否则的话，正常人绝不可能做出如此疯狂的举动。”

然而，禁烟运动好景不长。随后爆发的两次

世界大战促进了烟草消费的大量增加——无论是士兵、政治家还是普通民众，战争带来的疲惫与煎熬都需要烟草来缓解。

二战后，反烟草运动继续发展。最重要的是，在发现尼古丁之后，烟草新的一个危害也浮出水面：英国医学界首次发现了吸烟与癌症之间的关系。

1954年，4000名英国医生开始参与一项大型前沿医学调研。20年后，他们得出结论：吸烟的后果严重性远远超出呼吸系统所能承受的程度，长期吸烟极有可能导致平均寿命降低。这一重大发现造成的影响正如当时某些刊物所说："'这响亮的一击'给反烟运动送来了科学的论据。"

（标题为编者所拟，原题《香烟是如何从"圣药"变为"毒草"的》，文章有删节，选自澎湃新闻）

《中国的文明复兴》

新加坡国立大学东亚研究所所长郑永年在过去数年间，对中国的文明复兴进行了深入的研究。本书收录其研究成果，着重从中国道德体系建设、意识形态崛起、话语权建设以及知识体系建设的角度展开探讨，指出中国文明复兴的关键就是重建中国自己的知识体系。

中国文明从古代到当代可以分为四个阶段。第一阶段是形成阶段，从约公元前11世纪至公元2世纪。在这个古典阶段，中国发展出了其基本观念和制度，后来成为其他东亚国家和地区古典遗产的一部分。第二阶段是佛教时期（公元3世纪至10世纪），其间在东亚占统治地位的文化力量是大乘佛教，而各种本土的传统则存活在社会层面。第三阶段为新儒学时期，从公元11世纪至19世纪，其中新儒学在新的社会与文化中占有领导地位，而佛教则在当时的群体基层中力求生存。第四阶段为近代以来，在这一时期，扩张中的西方文明冲击着东亚国家，到今天这种冲击还没有中止。

从“对话”的角度来理解中国文明的连续性很有意思。在第一个阶段，对话主要是在儒家、墨家、道家和法家之间进行。应当强调的是，这些都是中国本土所产生的思想。在第二个阶段，对话主要发生在佛教、儒家和其他东亚国家的本土传统之间。在这个阶段，佛教成为主体，但本土思想并没有消失。佛教和本土的各种思想处于互相调适时期。在第三个阶段，对话主要发生在新儒学和佛教之间。在这个阶段，本土文明尤其是儒学再次成为主体，这是新儒学的功劳。新儒学成功地把佛教中国化，使之成为中国文明的一部分。在第四个阶段，对话主要是在新儒学与西方文明之间。近代以来，随着西方文明冲击东方，东亚国家对西方文明做出了不同的反应。

（摘自郑永年《中国的文明复兴》，东方出版社）

《爱与资本：马克思家事》

通过搜集马克思一家和朋友们60多年间的通信，路透社记者玛丽·加布里埃尔写成此书，揭示了马克思作为一个男人罕见而悲情的一面，再现了他与妻子、儿女、战友之间的动人故事，为读者更立体、更深层次地了解有血有肉的常人马克思、革命导师马克思提供了全新视角。

马克思的小家庭对于贫穷已经习以为常。他们虽然住在阁楼里，不像很多人只能露宿街头，但境况也好不了多少。马克思在1851年开始写这本著作时，已经有两个孩子死于贫穷导致的疾病，装着他们瘦小身体的简易棺木，就曾放在其他孩子吃饭和玩耍的房间里……

燕妮痛恨命运，让自己和孩子如此穷困，只能租住在这样一个破旧的房子里，还要一直担惊受怕，怕万一再付不起房租，被房东赶到马路上去。他们没有收入，没有积蓄，一家人的生存完全依赖于一个朋友的慷慨解囊和一位店主的好心帮忙。

马克思告诉燕妮，她和孩子们不会一直如此

受穷，他的书一出版，她们的好日子就会来到，整个世界都会感谢她们之前做出的牺牲。1851年4月，马克思非常乐观地告诉自己的战友恩格斯说：“我已经干了不少，再有5个星期我就可以把这整个经济学的玩意儿干完。”但事实上，直到16年后，《资本论》才完成，而且出版后不但没能点燃广大工人的反抗热情，甚至没能产生多大反响。

马克思的家人为这部被忽视的伟大著作牺牲了一切。燕妮一共生育了7个孩子，却有4个不幸夭折，活下来的3个女儿也没能度过一个像样的童年，她自己更是因为疾病而美貌不再。燕妮去世后，悲剧还在继续，幸存下来的3个女儿中，2个选择了自杀。

最终，一家人得以拥有的，只有马克思的思想——仅此而已。而且，她们只看到这些思想活跃在马克思的大脑里，犹如不断酝酿的风暴，却几乎没有其他人认可甚至理解。然而，马克思最终还是实现了他的目的（无论在那个忍饥挨饿的年代显得如何遥不可及）：他改变了世界。

（摘自[美]玛丽·加布里埃尔《爱与资本：马克思家事》，湖南人民出版社）

《算法之美》

人类生活在有限空间和有限时间之中，因此常面临一系列难以抉择的问题。《算法之美》通过跨学科研究，指出计算机算法同样适合安排我们的生活，人类可以将计算机科学的智慧转化为明智的生活决策，由此更有效地利用时间、空间和精力。

如果你希望选中最合适公寓的可能性达到最大，那么在看前37%的房子时不要做出任何决定（如果你准备花一个月的时间挑选房子，那么在前11天不要做出决定）。这段时间你是在为制定标准做准备，因此看房子时把银行卡放在家里吧。但是，过了这个时间点之后，你就要做好随时签约的准备（包括准备好定金等），一旦你对某套房子的满意程度超过之前看过的所有房子，就立刻下手。在继续挑选与立刻下手之间做出的这种妥协，并不仅仅是一种直觉，而是已经得到证明的最优解。

我们知道这个答案，是因为找房子问题属于

数学上被称作“最优停止”（optimal stopping）的一类问题。37%法则明确了解决这些问题的一系列简单步骤（计算机科学称之为“算法”）。事实证明，找房子仅仅是最优停止问题在日常生活中的表现形式之一。在面临一连串选择时如何做出决定的难题，经常会以不同的形式出现在我们的生活当中。在驶入停车位之前，需要绕整个停车场多少圈？在商业风险中何时套现脱身？在买房子或者停车时，何时是结束观望、做出决定的最佳时机？

在约会这个更加令人头疼的问题上，人们也经常要面对这样的难题。最优停止理论是一夫一妻婚姻制度催生的科学。每天，人们都要面临最优停止问题的困扰（当然，诗人更愿意追逐的话题肯定是求婚带来的烦恼，而不是停车时的两难境地），有时甚至会因此而痛苦不堪。不过，我们大可不必如此，因为这类问题至少可以通过数学方法来解决……从本质上讲，我们身边经常出现因为租房子、停车、求婚而感到苦恼的人，这些人其实就是在自寻烦恼。他们需要的不是治疗师，而是一种算法。治疗师告诉他们要在冲动与多虑之间找到一个正确的、舒服的平衡点。

算法告诉他们这个平衡点就是37%。

（摘自[美]布莱恩·克里斯汀、[美]汤姆·格里菲思《算法之美》，中信出版集团）

《一片叶子下生活》

作家刘亮程被誉为“乡村哲学家”，本书是其三十年散文精选。他以独特的视角打量他生活的家园、周遭的一切，那些虫子、鸟、蚂蚁、阳光、土墙……乃至人都有了哲思的况味。

我听人说苞谷是怕受惊吓的作物，结籽时，听到狗叫声就会吓得停住，往上长一寸叶子，狗叫停了再一点一点结籽。所以，到秋天掰苞谷时，我们发现有些棒子上缺一排谷粒，有些缺两三排，还有的棒子半截子没籽，空秃秃的，像遗忘的一件事。

到了七月，磨镰刀的声音会使麦子再度返青。这些种地人都知道。每年这个月份农人闭户关门，晚上不点灯，黑黑地把刀磨亮。第二天一家人齐齐地来到地里，镰刀高举。麦子看见农人来了，知道再跑不掉，就低头受割。

小红，返青是麦子逃跑的方式之一。它往回跑。其余的我就不说了。我要给粮食留一条路——只有它们和我知道的逃跑之路。

庄稼地和村子其实是两块不一样的作物，它们相互收割又相互种植。长成一代人要费多少个季节的粮食。多少个季节的粮食在这块地里长熟时，一代人也跟着老掉了。

更多时光里，这两块作物在相互倾听。苞谷日日听着村子里的事情抽穗扬花，长黄叶子。人夜夜耳闻庄稼的声音入梦。村里人睡觉，不管头南头北，耳朵总对着自己的庄稼地。地里一有些响动人立马惊醒，上房间顶望一阵，大喝一声。全村的狗一时齐吠。狗一吠，村子周围的庄稼都静悄悄了。

小红，我说了这么多你会不会听懂？你快乐的笑声肯定会让这块庄稼有个好收成。它们能听懂你的欢笑。我也会。走完这段埂子，我希望能听懂你说话的心。就像农人听懂一棵苞谷。一地苞谷的生长声，尽管我们听不见，但一定大得吓人。

你看农人在地里，很少说话，怕说漏了嘴，让作物听见。一片麦子如果听见主人说，明年这块地不种麦子了，就会记在心里，刮风时使劲摇晃，摇落许多麦粒。下年不管农人种啥，都会长出一地麦苗子。

麦子会自己种自己，还会逃跑。

（摘自刘亮程《一片叶子下生活》，人民文学出版社）

读典故

抱薪救火：典出司马迁《史记·魏世家》："苏代谓魏王曰：'……且夫以地事秦，譬犹抱薪救火，薪不尽，火不灭。'"后人用来比喻想消灭灾害，反而使灾害扩大的蠢人、蠢事。

阿尔托椅——人本主义

◎ 卓敏

20世纪上半叶是建筑领域现代主义大师辈出的年代，而作为建筑师，相比于他们的前辈，他们无疑更为个性突出、旗帜鲜明，除了建筑设计，他们还参与城市规划、室内装修和日用工艺品设计。绝大多数建筑大师都设计过家具，特别是椅子，如伊姆斯椅、密斯·凡·德罗的巴塞罗那椅、雅各布森的天鹅椅等。如果说建筑是他们个人理念的舞台，那么家具就是聚光灯下的布景，镌刻着设计师的个人签名，提示着人们这座建筑的空间感和表意性。

在这星光璀璨的大师谱系中，阿尔瓦·阿

尔托是一个异数。与其说他属于现代派建筑师的序列，不如说他与本国的文化氛围更为亲近。他来自森林与湖泊之国——芬兰，这个诞生了西贝柳斯深沉阔大的音乐的国度。但无论是在历史还是自然的维度，它都是寒冷和荒凉的极限。正是这样的环境，促使阿尔托重新思考人与自然的关系，这一多少为崇尚功能与理性的现代主义所忽视的向度。

漫漫长夜和严寒的冬日，限制了芬兰人户外活动的时间，设计师需要将室内诉求和舒适度放在首位。阿尔托尤其注重建筑内部空间和氛围的营造，在建筑材质的选择上，偏爱砖石和木材，用铜做点缀，椅子多使用桦木，这些都是就地取材，是本土的物产。与同时代建筑师大量使用简洁的钢管和塑料不同，阿尔托努力塑造的，是视觉和触觉上的温暖，触手可及的木材、浓郁的蜂蜜色，都烘托出独一无二的烟火气。

这份生命气息亦源于阿尔托对曲线的钟爱，北国山川水泽的蜿蜒线条都融入了他的设计。他最早的作品“帕米奥椅”，置于他早期的建筑作品“帕米奥疗养院”中，其弯曲的扶手和低矮的

帕米奥椅

底座令人联想起北欧的雪橇。优雅如波浪的弧线固然有审美上的考究，但更多是为了贴合人体，让疗养院中的患者达到最放松的状态。现代设计中个性化与实用性的冲突屡见不鲜，阿尔托谙熟现代主义手法，却选择了以人为本的表达方式。

阿尔托最广为人知的设计作品莫过于L形椅。看似简单的造型，却是当时家具制造的一大突破。他运用蒸气加热曲木技术，使得椅腿在顶部弯曲，直接固定于椅子底部，解决了面板与承足的连接问题。随后，阿尔托又先后开发出了Y形椅和扇形椅，它们作为L形椅的变体，如同古典建筑中的三种柱式一样，讲述着木材的多种可能性。今日，这些椅子已经进入千家万户，体现出

L 形桌椅

阿尔托设计平民化的初衷和人文关怀。

阿尔托说："建筑师所创造的世界应该是一个和谐的、尝试用线把生活的过去和将来编织在一起的世界。而用来编织的最基本的经纬就是人纷繁的情感之线与包括人在内的自然之线。"家具是建筑的延伸，阿尔托设计的建筑与家具亦互为经纬，编织出艺术与技术交相辉映的图景。

图书在版编目（CIP）数据

读有所得. 91 / 湖南省委宣传部编. — 长沙 : 湖南文艺出版社，2018.7
ISBN 978-7-5404-8661-7

Ⅰ. ①读… Ⅱ. ①湖… Ⅲ. ①社会科学—通俗读物 Ⅳ. ①C49

中国版本图书馆 CIP 数据核字（2018）第 080935 号

读有所得·91

Du You Suo De

湖南省委宣传部 编

出 版 人：曾赛丰
监　　制：曾昭来
责任编辑：吕苗莉　匡杨乐
校　　对：百愚文化　袁学嘉　张　怡
编　　选：曾昭来　吕苗莉　匡杨乐　何敏讷
　　　　　彭师哲　张　宇　李　涓　伍云丽
　　　　　杨　括　何百川　郭黎婷　王青青
　　　　　谭琳洁　陈筱萌　谢升华
装帧设计：萧睿子

湖南文艺出版社出版、发行
（湖南省长沙市雨花区东二环一段 508 号 邮编：410014）
网 址：www.hnwy.net
湖南省新华书店经销　湖南省众鑫印务有限公司

2018 年 7 月第 1 版 第 1 次　2019 年 9 月第 3 次印刷
开 本：787 mm×1092 mm 1/32
印 张：3.25
字 数：50，000
印 数：25,001 - 35,000
书 号：ISBN 978-7-5404-8661-7
定 价：10.00 元

本社邮购电话：0731-85983015